# 杜小默玩作文

## 想象街市探秘 二年级上

葛欣 著

浙江教育出版社 · 杭州

# 主角出场

ZHUJUE CHUCHANG

杜小默

一个善良、正直、阳光可爱的女孩。喜欢探险，喜欢与书交朋友。她爱幻想、爱观察、爱写作，脑子里总有很多奇思妙想。

杜小默的同学。有点儿贪吃，有点儿滑稽，心眼可不坏。鸡腿是他的最爱，总不离手。

石大虎

## 厌文小魔王

为了让孩子们讨厌写作文，想尽各种办法。平时身材高大，被破除魔法后就会变得像老鼠一样小。

## 铅笔小超人

写作魔法学校的学生，会很多写作魔法。用自己的写作魔法帮助孩子们战胜厌文小魔王，爱上写作。

一点就通

# 杜小默的思维导图

## 1 写好动物的习性

- 确定动物的特点
- 写出动物是哪里的
- 写清动物的外形特点
- 写出具体事例
  （吃、喝、玩、睡）

## 2 做好动静结合

- 确定动物的特点
- 写出动物是哪里的
- 写清动物的外形特点
- 写出具体事例
  （吃、喝、玩、睡）
- 按顺序、有条理地说出动物的特点

## 3 怎样写好物品

- 你喜欢的玩具是什么
- 玩具从哪来的
- 玩具的样子
  （大小、外形、颜色、图案、结构）
- 玩具的玩法及玩玩具时发生的故事
- 对玩具产生的感情

## 4 注意留言条的格式

- 确定是谁写给谁的留言条
- 确定要讲的是什么事
- 写的时候格式要正确
- 把事情讲清楚
- 语气要恰当
- 字迹要工整

## 5 学会与别人交换意见

- 把自己的想法说清楚
- 用上表示商量语气的词语
- 不能强人所难

## 6 怎样看图讲故事

- 弄清楚故事的六要素

  （时间、地点、人物、起因、经过、结果）
- 展开大胆而合理的想象
- 写好细节

  （语言、动作、心理、神态、外貌）
- 想象图画中没有表现的内容

## 7 展开大胆而合理的想象

- 想象要大胆，还要合理
- 想象的内容要具体，流露真情实感
- 想象的内容要有科学性

## 8 用好象声词

- 用上象声词，写出不同声音的特点
- 多感官观察

  （眼睛、耳朵、鼻子、手）
- 有条理地写
- 用上修辞方法

  （比喻、拟人、排比）

MULU
# 目录

1

# 蜗牛大仙的麻烦事儿

第一单元习作

写好动物的习性

这是一条奇妙的街道。有一头鲸鱼在空中飞翔，有一些麻雀在水里游泳，有一群小狼在街道上跳舞……

“我们已经到了想象街市！”铅笔小超人说道。

杜小默和石大虎都很兴奋，他们蹦蹦跳跳地随铅笔小超人在想象街市上走着。

突然，他们看到路边有一个店铺，店门前堆着很多碎片，好像刚被砸过。

“这是怎么回事呢？”杜小默小心翼翼地问。

这时，石大虎看到地上有一只蜗牛，他调皮地快走几步，想去捉那只蜗牛。当他的手就要碰到蜗牛时，“嗖”，蜗牛向前蹦了一下。石大虎又向前走了一步，再去捉蜗牛，

蜗牛又蹦了一下。

“我还从来没见过会蹦的蜗牛，我就不信捉不到你！”石大虎说着，双手合拢，拼成一个盖子，看准了，向前猛地一跳。

“哈哈！终于抓到你啦！”石大虎张开双手一看，咦，蜗牛呢？他望着空荡荡的双手，瞪大双眼。

一阵笑声从天空落下。

大家抬头一看，树上蹲着的不是孙悟空吗？

“原来是你变的蜗牛！”石大虎笑眯眯地说着，也不生气，毕竟孙悟空是他最崇拜的人了。

“蜗牛不是我变的，它在这里呢。”孙悟空指了指身边的一片树叶。杜小默看到刚才那只蜗牛正趴在那片树叶上。

“这只蜗牛怎么这么特别？它不仅会蹦，还会飞！”杜小默提高嗓门兴奋地问。

“因为我是蜗牛小仙啊！”小蜗牛把身体一点点变大，变成与杜小默他们一般大小，“我在这里等你们好久了。”

“你知道我们要来？”杜小默问。

“是啊，我还有一件事想要请你们帮忙呢！”蜗牛小仙说道。

“需要我们帮什么，尽管说。”石大虎拍拍胸脯，“我们一定‘两肋插刀’。”

蜗牛小仙慢悠悠地说：“我在想象街市开房子商店已经有五千多年了。在这五千多年里，从来没遇过这样的怪事。”

“房子商店？你是卖房子的？是专门卖那种给蜗牛住的小房子吗？”杜小默好奇地问。

蜗牛小仙摇了摇头，手一挥，一座小房子一点点变大了。

孙悟空看着那房子点头说道：“这样的房子，俺老孙住起来都会很舒服呢！”

“你刚才说发生了一件怪事，到底是什么事？”石大虎问道。

蜗牛小仙叹了口气，掏出一张纸条：“今天早晨，我来上班时，发现好多房子被破坏了，而且地上有这张纸条。”

铅笔小超人接过纸条，只见上面写着：

有趣的蜗牛

蜗牛真是有趣，真是可笑。哈哈哈哈哈哈哈哈哈哈哈哈哈哈哈哈哈哈哈哈哈哈哈哈哈哈哈哈哈哈哈哈哈哈哈哈！

“这写的是什么呀？该不会是篇小作文吧？”石大虎看得呆住了。

“你们瞧，这是厌文小魔王的字迹，他这是在误导你们，让你们向他学习，写凑字数作文。”铅笔小超人说道，“你们看看能不能围绕‘有趣’这个主题，写一篇关于动物的作文，说不定就能破解厌文小魔王的魔法，帮蜗牛小仙把那些房子恢复原样。”

“好像很难啊，恐怕我也得像厌文小魔王那样凑字数。”石大虎挠挠头。

“对，我就是想让你们不会写作文，讨厌写作文！”厌文小魔王突然举着手从树影里冒出来，接着召唤出一批排

列混乱的汉字士兵，冲向杜小默他们。

“别担心，你们能写好。”铅笔小超人说着挥起铅笔，派出两名小将。这两名小将，一人白盔白甲，身上有“外形”二字；一人黑盔黑甲，身上有“习性”二字。两名小将拦住那些士兵，大战起来。

铅笔小超人对石大虎和杜小默说道："写作文，要围绕主题写。既然是写'有趣的动物'，一是要写动物，最好是你们熟悉的动物，这样才有内容可写。二是要写它身上有趣的特点，每只动物都有自己的外形特点，还在吃、喝、玩、睡等方面有着自己独特的习性。你们可以想想什么动物有趣，它的哪方面有趣。"

"我感觉我家的小狗旺财长相很有趣。它的两只眼睛圆圆的，就像两颗黑珍珠咕噜噜地转，看上去很机灵。两只眼睛外围有两个黑眼圈，让它看起来就像戴了一副眼镜，又像一只大熊猫。"石大虎说。

"我家附近有个宠物店，里面有一只哈士奇狗。大家都喊它'大胃王'，因为无论别人给它多少食物，它都会一扫而光。"杜小默说。

石大虎眼珠一转，又有了一个想法："我感觉我家的八哥很有趣，它会学舌。"

杜小默也不甘示弱地说："我奶奶家的大黑猫睡觉的样子很有趣。它睡觉时，会把两只前腿搭在一起作枕头。只要一会儿的工夫，它就打起了呼噜。睡着睡着，它还会突然笑出声，让经过它身旁的人吓一跳。”

铅笔小超人说道：“石大虎说了小狗旺财外形方面的特点，还说了八哥会学舌的特点。杜小默说了哈士奇狗贪吃的有趣，还说了大黑猫睡觉时的样子有趣。如果你们在这些有趣的特点中，加入一两件具体的事例，加入关于动物的动作、声音、神态等方面的细节描写，再试着用上拟人手法，就会更棒啦！”

杜小默高兴地拍起了巴掌，说道：“对，我再加上一件有趣的事。我家附近有一家宠物店，里面养着一只哈士奇狗，它吃东西的样子特别有趣。大家都喊它‘大胃王’，因为无论别人给它多少食物，它都会一扫而光。有一次，主人给它端来一大盆狗粮。主人刚把狗粮放下，眼前就像刮起了一阵‘风’。这阵‘风’过后，盆已经空了。这只哈士奇狗斜着眼看着主人，好像对主人说：‘嘿，主人！我还没吃饱呢，你好意思让我的盆空着吗？’”

“我也可以加上一件有趣的事。”石大虎也说出了自己的想法，“我家的八哥很有趣，它一身灰色的羽毛像穿着一件呢子大衣。它的样子虽不如鹦鹉好看，但它学人说起话来头头是道。有一天早晨，来我家做客的外婆突然惊慌地对我说：‘你家里来小偷了。’‘怎么会呢？’我小声问外婆，‘你看见了？’外婆让我仔细听。我果然听到有声音。‘喂！喂！喂！……’这‘小偷’打电话怎么只会说‘喂’啊？难道是信号不好？我把外婆拉到阳台上，发现八哥仍在那里‘喂’个不停。”

“你们讲的动物可真有趣！”铅笔小超人说道。

听了两个孩子的讲述，孙悟空和蜗牛小仙也笑个不停。

突然，蜗牛小仙大声喊道：“看！”

杜小默扭头一看，那些残破的房子都已经焕然一新，那些排列混乱的文字士兵也不见了。

失败了的厌文小魔王变小了，他愁眉苦脸地转过身，哇哇叫着逃跑了。

# 写作小锦囊

今天你们说出的动物都很有趣啊！还有什么动物是有趣的？

大象的长鼻子是有趣的。

长颈鹿的长脖子是有趣的。

小仓鼠吃东西的样子很有趣。

小乌龟“越狱”那件事很有趣。

请你也说说看，还有什么有趣的动物。

# 和杜小默一起闯关

杜小默一行人被厌文小魔王设下的陷阱困住了。只有写作文才可以打败厌文小魔王。你能在描写动物时，用上拟人手法吗？

示例 “这只哈士奇狗看着主人，好像在对主人说：‘嘿，主人！我还没吃饱呢，你好意思让我的盆空着吗？’”

# 作文加油站

扫清路障的杜小默，无意中从风中得到一张纸，上面是一篇她曾经写的作文。你来阅读一下，说不定有意外的收获。

## 有趣的蜗牛

今天我向大家介绍的，是一种很有趣的动物。我相信大家都见过它，那就是小小的蜗牛。

我曾在楼下的花园里发现过一只蜗牛。它不管走到哪里，身上都背着一个海螺一样的甲壳，就像背着一座房子。

它的头上有四根触角，就像顶着四根电视天线。它走路时会把头伸出来，慢悠悠地走。我拿小棍去碰它，它受到了惊吓，立刻把头和尾一起缩进甲壳，还用黏液封住洞口，好像在说：“有危险，快躲起来！”听爸爸说，蜗牛身上这种黏黏的、唾液一样的东西很神奇，就连有毒的蜈蚣、蝎子都拿它们没办法。

蜗牛是世界上牙齿最多的动物，每只蜗牛都有几万颗牙齿。它们吃东西很特别，不是用牙齿咀嚼食物，而是用布满牙齿的带子来碾碎食物，这样可以让食物更好消化。当它们的旧牙齿被慢慢地磨坏时，就会被锋利的新牙齿取代。

我发现，蜗牛不但吃东西的时候特别，排便的时候也很有意思。它们不像别的动物一样把粪便直接排在地上，而是通过靠近呼吸孔的地方，把粪便排在自己的身上，然后通过腹足和黏液，把粪便留在地上。

蜗牛真是一种非常有趣的动物。

## 铅笔小超人的点评时间

这篇作文写了蜗牛的“有趣”。怎么有趣呢？首先是外形有趣。杜小默写出了蜗牛独特的外形特征，包括它的甲壳、触角、牙齿的与众不同。其次写出了它进食和排便这两种习性的有趣。因为抓住了蜗牛的特点来写，所以这篇作文让我们感觉很新鲜、很有趣。

在这篇作文中，我学到的好词有：

在这篇作文中，我学到的好句有：

你喜欢什么动物呢？请你试着写一写吧！

## 铅笔小超人的写作魔法

- 确定主题，是写动物的有趣、可爱、顽皮，还是什么其他的特点？
- 写出动物是哪里的，是动物园里的、野外的，还是家养的？
- 写清动物的外形特点。
- 通过具体事例，有选择地讲清楚动物的习性。
- 分清段落，每段写什么条理分明。

# 2

# 奇异的空花盆

**第二单元习作**

**做好动静结合**

杜小默和朋友们走到一座公园边时，看到那里围了好多人，人们都在交头接耳地说着什么。

他们挤上前一看，公园中摆放着许许多多的花盆，这些花盆有大有小，形态各异，但奇怪的是这些花盆中只有泥土，没有植物。

“发生了什么事？”孙悟空问旁边的一位老人。

“这些花盆里本来有很多长相奇异的植物，可是一夜之间，这些植物都不见了。”老人答道。

杜小默发现这些花盆边有一个穿着花裙子的小姑娘。她望着只有泥土的花盆，眼圈发红，眼泪在眼眶里直打转。

“她是不是发生了什么事？我们得帮帮她！”杜小默

对朋友们说。

“怎么帮呢？”石大虎皱紧了眉头。

“有一个办法可以帮她。”铅笔小超人神秘兮兮地说道。

大家的目光都落到铅笔小超人身上。

“只要我们当中有人能说出美丽的植物，那些奇异的植物就会回来，小女孩也就不哭了。”

石大虎说道：“在我的眼中，梅花很美丽。”

杜小默说道：“我家阳台上养了很多花，我最喜欢的是蟹爪兰，它非常美丽。”

“只是这样说可不够。”铅笔小超人笑着说，“你们要说出它们美在哪里。”

“梅花的花很美。”

“蟹爪兰不但花美，茎也美。”

这时，空中传来一阵声音：“我讨厌你们说出美的东西。”

“是厌文小魔王，不用理他，你们能具体说说那些植物美在哪里吗？”

“蟹爪兰的茎一串串的，就像螃蟹的爪子，也许这就是为什么它会有这样奇怪的名字！它开出的花朵就像一串粉红色的小灯笼，发着微微的光亮。”

“说得多好啊！”铅笔小超人拍手称赞，“你不仅可以写眼睛看到的美，也可以写鼻子闻到的美、耳朵听到的美，还可以把静态的和动态的蟹爪兰都描述一下，做到动静结合。”

“在风的吹拂下，蟹爪兰开出的‘小灯笼’摇晃起来。微微的‘灯光’照亮了花盆，照亮了阳台，也照亮了妈妈的笑脸。”

“真美！”穿花裙子的小姑娘拍着手，不禁发出赞叹。

这时，杜小默发现，那些空花盆中冒出了嫩芽。

“好样的，再加把劲！”铅笔小超人鼓励着杜小默和石大虎。

“我来说。”石大虎说，“我喜欢梅花，因为它们很特别。冬天，别的花已经凋谢了，它们却绽放出粉红色的花朵。当北风吹起，身穿白袍的雪花士兵气势汹汹地向它们扑来

的时候，它们毫不畏惧，勇敢地挺起胸膛来迎战。你只要远远地看到它们，就会闻到一股扑鼻的清香，让人神清气爽。”

“巧用修辞序不乱，动静结合多感官！”铅笔小超人说道，“你用眼睛去观察，用鼻子去感受，还用了比喻和拟人的修辞方法，讲得也很有条理，还做到了动静结合，把静态的梅花和动态的风、雪结合在一起，说得非常棒！”

这时，杜小默看到空花盆中的一根根嫩芽迅速长大，很快就变成了各种各样的奇花异草。

人们都大声欢呼起来。

杜小默发现有一个花盆里的植物样子很奇特，就走过去仔细观察。哈！原来那并不是一棵植物，而是厌文小魔王装扮成植物的样子，想掩人耳目。

孙悟空冲上前，想从花盆中抓出厌文小魔王。

厌文小魔王突然放出一股臭气，把孙悟空熏得坐到了地上，他趁机飞到空中，逃走了。

孙悟空气得直跺脚，他叉着腰，大声说道：“别让我抓到你，否则我饶不了你！”

这时，那个花盆里被厌文小魔王压住的种子快速生长起来，长成了一株美丽的桂树。

杜小默和朋友们坐在这棵又香又美的桂树下吃月饼、赏桂花、放声大笑……

# 写作小锦囊

把静的事物和动的事物结合起来，把场面写动了、写活了，会让作文更生动，更有趣、更优美！你们描写池塘时，能不能也用一用动静结合的手法呢？

能！我可以让原本是静态的水面与动态的风结合，比如“风儿拂过柳枝，又拂过水面，就像妈妈的手温柔地抚摸，在水面留下一道道波纹，留下一道道美好的记忆。”

还可以让水面和落叶结合。“一片叶子落到水面上，就像一艘小船，漂啊漂啊，好像要漂去远方，漂到人们的心里去。”

在水里放点鱼怎么样？“鱼儿们在池塘里一会儿游向东，一会儿游向西，好像在玩捉迷藏呢！有一条鱼最调皮，它‘嗖’的一下跳起，又落下，‘扑通’，在水面留下了一圈一圈的涟漪。”

你见过美丽又热闹的池塘吗？
试着说一说你记忆中的一个池塘吧。

# 和杜小默一起闯关

杜小默一行人遇到了一片沾满露水的亮晶晶的荷叶。请你照样子，写出一个带有比喻句、拟人句，又运用动静结合手法的句子。

**示例** “这片碧绿的叶子上，有一颗晶莹的露珠，就像一个小小的特种兵。一阵风吹起，就像下达了口令，这小小的特种兵，‘啪嗒’跳了下来，转眼就藏了起来，消失不见了。”

## 作文加油站

杜小默在湖边公园发现了一片美丽动人的菊花地，不禁写下了一篇作文。

### 我眼中的菊花

秋天到了，公园里的菊花纷纷绽开了笑脸。你瞧它们一片片的，红的像火，黄的像金，白的像雪……在绿叶的衬托下，那么鲜，那么艳，那么美。那朵黄色的菊花，被小巧又可爱的花瓣簇拥着，就像是一群孩子围在一起玩“丢手绢”。

一阵风吹过，美丽的菊花随风摆动，散发出诱人的香气。每一个人走到它们身边都要停下来，深深地吸一吸、闻一闻。那香气，仿佛能使人忘记烦恼，让人鼓足精神。

秋天的露水落在菊花的花瓣上，就像一只透明的小狗，在上面快乐地打滚。蜜蜂围着菊花飞舞着，“嗡嗡”地唱着歌，它是在歌颂菊花的美呢！

“不是花中偏爱菊，此花开尽更无花。”秋天，许多花都凋谢了，菊花却仍在秋风中昂首挺胸。我喜欢这顽强又动人的菊花。

## 铅笔小超人的点评时间

这篇作文有几个亮点：一是用比喻句和排比句，准确地写出了菊花的颜色；二是做到了多感官观察，用眼睛看，用鼻子闻，用耳朵听；三是在写到花瓣、露水、蜜蜂时，用了比喻、拟人、排比的修辞方法；四是做到了动静结合，把静态的菊花和动态的露水、蜜蜂结合起来写，更生动，更形象。

在这篇故事中，我学到的好词有：

在这篇故事中，我学到的好句有：

班级举行一次分享会，每个同学带一张自己喜欢的植物照片。对照照片，每个同学讲讲自己喜欢的植物。请你也试一试。

## 铅笔小超人的写作魔法

- 按顺序，有条理地写出植物的特点。
- 多感官观察植物。
- 用好比喻、拟人、排比等修辞方法，还可引用古诗。
- 做到动静结合。

# 3

# 小兔儿爷的玩具店

第三单元习作

怎样写好物品

大家在想象街市中走着走着，杜小默突然惊叫了一声。

大家顺着她的目光望去，只见一个店铺的牌匾上写着“小兔儿爷玩具店”几个大字。

“我们进去看看好吗？”杜小默征求大家的意见。

大家一起走进了那家玩具店。

“这里有各种好玩的玩具，你们想要什么？”一只小兔子迎了上来。

“这是小兔儿爷。”孙悟空一脸惊喜地向大家介绍他的老朋友。

杜小默想起来了，过去在玩具店里见过小兔儿爷，当时小兔儿爷还骑着一只大老虎。

“这把玩具枪真好看。”石大虎拿起一把玩具枪，又看又摸。

“我喜欢这辆小汽车。”杜小默把一辆玩具小汽车拿到手中。

“你们手中的这两个玩具都是嫦娥玩具厂生产的，质量都非常棒。”小兔儿爷说道。

“这辆玩具小汽车要多少钱呢？”杜小默迫不及待地问。

小兔儿爷笑了，说道：“所有的玩具都不要钱。”

“不要钱？”杜小默和石大虎你看我，

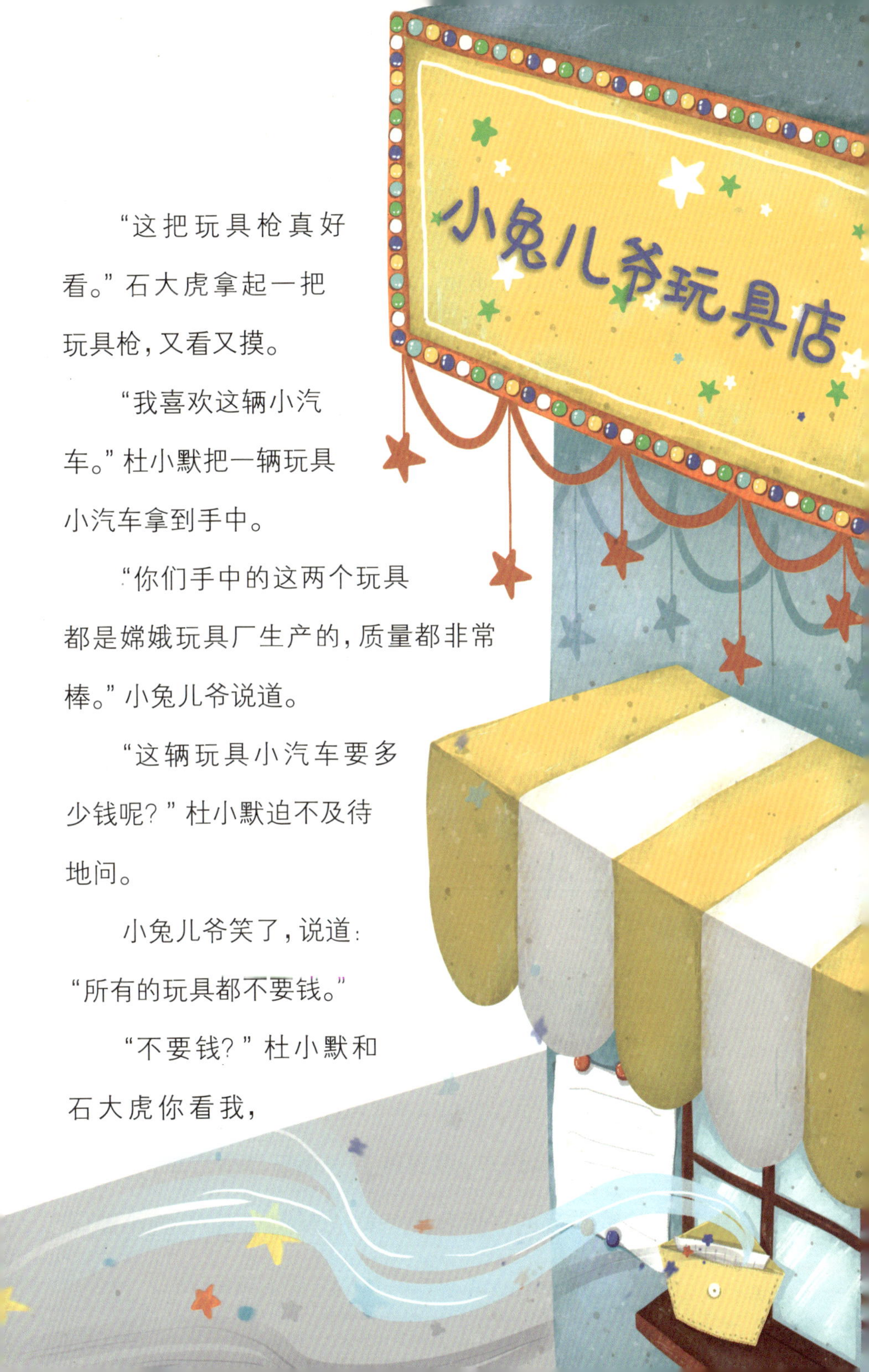

我看你，都愣住了。

“是的，不要钱，不过，要用你们说一些话来交换。”

“什么话？”石大虎问道。

“你们要说清楚自己喜欢的一种玩具才行。”小兔儿爷摆摆耳朵说道。

石大虎马上脱口而出：“我喜欢玩具恐龙、玩具火车、玩具飞机……”

“我说的是一种玩具，你说了好几种，而且你说得太简单了。”小兔儿爷摇了摇头，两只耳朵就像扇子一样扇起来。

“如果只能说一种玩具，那就是玩具士兵，我家有好多玩具士兵，有拿枪的，有拿手榴弹的，有推大炮的……”石大虎说道，“这样说不简单了吧？”

铅笔小超人说道：“我们生活中有各种各样的物品，像冰箱、闹钟、玩具、文具等。想把它们说清楚，可以首先介绍一下这件物品是从哪里来的，接着再说说看你对它们的观察。”

“我喜欢玩具汽车，我家就有一辆玩具小汽车，是我过生日时爸爸送我的。但我要怎样去观察它呢？”杜小默问铅笔小超人。

“你只需要眼珠一动不动，死死地盯着它看就行了。”小兔儿爷挥了挥手里的小汽车，说道。

铅笔小超人摆了摆手，说道：“不，观察可大有讲究。就拿你喜欢的小汽车来说吧，要按照一定的顺序来进行观察。从外到里或从里到外；从前到后或从后向前；从上到下或从下到上，等等。”

杜小默点点头说：“我想从外到里，从前到后，从上到下去观察它。”

“你还可以从一些方面来进行观察，首先看一看它是什么颜色的，有什么样的图案，它像什么，再看一看它里面有什么构造，有什么作用，等等。还可以说说你和它的故事。”

杜小默明白了铅笔小超人的意思，她想了想，慢条斯理地说了起来：“我过生日那天，爸爸给我买了一辆玩具小汽车。这辆小汽车是半圆形的。它一身金黄，就像一名小将身披一身闪亮的盔甲。它的前面有两只亮晶晶的车灯，那是它的大眼睛。透过车窗可以看到，车里有方向盘，有座椅，还坐着一个威风凛凛的警察。这个警察目视前方，好像在说：‘我正在执行任务，正在抓坏蛋！坏蛋，哪里跑！’车的下部有四个黑色的轮子，能够前后左右转动。小汽车的底部装有电池，还有一个开关。”

铅笔小超人高兴地说：“你说出了小汽车的颜色和形状，在描写它的部件时，还用了比喻和拟人的手法，显得很生动。你还可以通过一件事，说出它给你带来的快乐，写出你对它的感情。”

“不，不要再往下说了！”小兔儿爷突然脸色变得很难看。

大家都惊讶地望着他。

“为什么？”杜小默问道。

这时，门外突然走进来一个人。

看到这个人，大家都愣住了，原来又是一个小兔儿爷。现在站在大家面前的有两个一模一样的小兔儿爷，这是怎么回事呢？

刚从门外走进来的小兔儿爷问道：“你是谁？为什么冒充我？”

“你是谁？为什么冒充我？”手里拿着小汽车的小兔

儿爷也这样说道。

“快快现出原形，不然我可不客气了！”刚从门外走进来的小兔儿爷说完，突然有一只大老虎扑了进来。

手拿小汽车的小兔儿爷变了脸色，他的身体越变越小，最后钻进小汽车，“嗖”的一下逃出门去了。

“是厌文小魔王变成了你的样子！”铅笔小超人对刚刚走进来的小兔儿爷说道。

“真是可恶！”

小兔儿爷请大家坐下，正式向大家介绍店里各种有趣的玩具。杜小默他们这一次真是大开眼界。

# 写作小锦囊

描写玩具的大小、长短，有两种常见的方法，一种是列数字，一种是做比较。

列数字是什么意思？

比如你想说一个娃娃的高矮，你可以说它“高18厘米”，这就是列出了具体的数字。这样做能准确地表达，但对读者来说太抽象，可能不知道它到底有多高。

做比较是怎么回事？

同样是说娃娃的高矮，你还可以说，它和一支铅笔一样高。与我们熟悉的物品做比较后，它的高度大概是多少，我们马上就可以知道了。

小朋友，你能用列数字和做比较的方法介绍一下你喜欢的玩具吗？

# 和杜小默一起闯关

厌文小魔王脚踩电陀螺挡住了杜小默一行人的去路。为了战胜拦路的厌文小魔王，你能写出一句带有比喻和拟人两种修辞方法的句子吗？

**示例** “这个陀螺飞快地旋转起来，就像一名技艺高超的芭蕾舞演员，转动，跳跃，再转动……那舞姿多么轻盈！”

杜小默一行人进入小兔儿爷的玩具店，讨论起他们儿时令人难忘的玩具。

## 我的水枪

从小到大，妈妈给我买过很多玩具，有玩具恐龙、悠悠球、玩具飞机……其中我最喜欢的是一把绿色的大水枪。

这支水枪由喷头、枪身和储水瓶三个主要部分组装而成。水枪的喷头是鲜艳的红色，最前方有一个突起来的小柱子，像水枪的小鼻子。小柱子中间有一个小小的出水孔，扣动枪柄上的红色扳机，晶莹又神奇的水柱就像一条银龙从那里飞出来。水枪的枪身是绿色的，大约有一米长。在烈日当头的夏天，当水滴溅到你的身上，会给你带来一种奔跑在雨中的凉爽感。水枪的储水瓶也是绿色的，可以装很多很多水，能让我玩很久。

夏天，我常带着这把水枪和小区里的小朋友们打水仗。我喜欢它，因为它给我带来很多美好的回忆。

## 铅笔小超人的点评时间

这篇作文开篇介绍了水枪的来历，也点明了文章的主题。接下来介绍了水枪不同部位的形状、颜色和作用。用了比喻的修辞方法，描写得很生动。最后一段写出水枪给小作者带来的快乐和收获，由此道出小作者对水枪的喜爱之情。

在这篇故事中，我学到的好词有：

在这篇故事中，我学到的好句有：

厌文小魔王把所有孩子的玩具都偷走了，只要你能写出一篇关于玩具的优秀作文，就能帮孩子们把玩具找回来。你最喜欢什么玩具呢？请你为它写上一篇作文吧！

## 铅笔小超人的写作魔法

- 写清楚你喜欢的玩具是什么，是从哪来的。
- 写清玩具的大小、外形、颜色、图案及结构。
- 写明玩具的玩法以及玩它时发生的故事。
- 写出你对它产生的感情。

# 4 奇奇怪怪的小男孩

第四单元习作
注意留言条的格式

中午，杜小默他们几个人正在饭店里吃饭。突然，一个白衣男孩跑了进来。

“铅笔小超人在吗？”那男孩气喘吁吁地问道。

“我就是，找我有什么事？”

“你能去一趟我家吗？我爸爸有事请你帮忙。”

“你爸爸是谁？他有什么事吗？”

“你去了就知道了。”

“你家在哪里？”铅笔小超人问道。

“这条街的尽头向左拐，走到头，再向右拐，再走到头，向左拐……”

铅笔小超人眨了眨眼睛：“他为什么不自己来找我？”

“他生病了。”男孩紧锁眉头说道。

石大虎说道：“我们还是过去看看吧！”

杜小默看了一眼铅笔小超人：“孙悟空出去了，让我们在这里等他。如果我们走了，他回来找不到我们会着急的，这可怎么办？”

“可以写个留言条。”铅笔小超人说道。

“什么是留言条？”石大虎好奇地问。

“在我们的日常生活中，如果你有事情要通知对方，而对方不在，你又没时间等候对方回来，你就可以写张字条留给对方。这张字条，就是留言条。”

“留言条要怎样写呢？”杜小默谦虚地问。

“留言条有它的格式。它一般由称呼、正文、署名和日期四部分组成。在留言条里，要写清楚留言条是给谁留的、因为何事而留、留言者是谁、什么时间留的等重要内容。”

“别写了，快走吧。”那男孩催促道。

“别急，我们很快就写好了。”铅笔小超人说着，掏出一张纸，在上面写下几行字：

孙悟空：

有一名白衣男孩来找我们，说他的爸爸需要我们的帮助。我们去看看，很快就会回来。请你在这里等我们。

铅笔小超人

5月9日中午11时

“称呼、正文、署名、日期，都有了，事情也讲清楚了。”石大虎点了点头，“我们快走吧！”

铅笔小超人把留言条交给了店老板，嘱咐他等孙悟空回来后一定要交给他。

大家随男孩走出饭店，向街的尽头走去。

石大虎和杜小默一边走一边聊天。

“我会写留言条了，你会写了吗？”石大虎问杜小默。

“我也会写了。”杜小默踢着路上的石子，看了一眼石大虎。

“我不信。”石大虎撇了撇嘴。

“你们不要谈论留言条了！”白衣男孩握紧拳头，脸色通红，显出很烦躁的样子。

“为什么不能谈论？他们又没有耽误走路。”铅笔小超人问道。

白衣男孩鼻尖渗出细密的汗珠，他变得紧张起来，过了好一会才说出一句：“我……我是着急。”

杜小默和石大虎互相使了个眼色，杜小默继续说道：“如果你妈妈临时接到通知，要去北京出差两天，你说她会怎样给你写留言条？”

“她会这样写——”石大虎拉长了声音说出自己的答

呆。

大虎：

妈妈刚刚接到通知，要去北京出差两天，现在就得出发，后天晚上回来。饭已经做好了，在锅里，你饿了就自己吃吧！晚上外婆会过来陪你，这两天她会照看你。你要听外婆的话，也要好好学习。

爱你的妈妈

5月9日下午

“讨厌！”白衣男孩捂住了耳朵，大声说道。

“谁讨厌？”铅笔小超人问道。

白衣男孩四下看了看，指着地上的一只蚂蚁说道：“它讨厌。”

一行人见状都笑了起来。

石大虎问杜小默：“如果我给你打电话，约你去楼下公园里下象棋，可此刻你的妈妈没在家，她的手机也落在家里了。你该怎么办？”

“那她就不应该和你去公园玩了。”白衣男孩翻了个白眼。

“可是，我想和他出去玩。我会给妈妈写一张留言条。”

杜小默说。

“又是留言条！”白衣男孩抱住了头。

杜小默一边走，一边说出了自己的留言条内容。

妈妈：

我作业写完了，到楼下公园里和石大虎玩一会儿象棋。您有事可以去那里找我。

小默

5月9日下午

“我讨厌留言条！”话音刚落，白衣男孩突然变成厌文小魔王，抱着头逃走了。

“厌文小魔王本来想引我们进入他的圈套，没想到被我们识破，他就原形毕露了。”铅笔小超人笑着说道。

“我早就发现他有问题了。”石大虎得意地说。

这时，孙悟空追了上来。

“我看到你们的留言条，就来追你们了。”

铅笔小超人把刚刚发生的事情讲给孙悟空听，孙悟空被逗得哈哈大笑，拽了几根猴毛，变出了好多个孙悟空。

# 写作小锦囊

你们说说，写留言条还要注意什么呢？

给别人留言，语气要客气，不能不礼貌。

对。还有，字迹要工整，不能让人看不清你写的是什么。

你们说得都很对。小朋友，如果让你来写一张留言条，你想写给谁呢？

想给谁写留言条？说一说为什么。

# 和杜小默一起闯关

杜小默一行人陷入镜子迷宫，每一个镜子中都走出来和大家很像的幻影。请你描写一下杜小默一行人的样子，帮杜小默他们消灭镜子中的幻影，逃出迷宫。

铅笔小超人从镜子迷宫里找到一张杜小默写的留言条。你觉得这留言条写得怎么样？

妈妈：

明天我们要春游，要求早晨七点到校，请您六点叫我起床，谢谢您！

小默

5 月 9 日晚上

## 铅笔小超人的点评时间

格式正确，包括了称呼、正文、署名和日期这四要素，而且把要留言的事情写得很清楚，很明白。真棒！

杜小默一行人战胜了厌文小魔王，在镜子迷宫的终点召开留言条作文大赛。只有写出正确的留言条才能通过迷宫，快来试试吧！

## 铅笔小超人的写作魔法

- 想一想，这是谁写给谁的留言条？要讲的是什么事？
- 写的时候格式要正确，包括称呼、正文、署名和日期。
- 把要留言的事情讲清楚。

★ 语气要恰当，不能不礼貌。

★ 字迹要工整，让人看得清楚。

# 5 突然变空的书

**第五单元习作**

**学会与别人交换意见**

孙悟空有事要走了，杜小默、石大虎和铅笔小超人都恋恋不舍。

孙悟空笑着对他们说：“我们以后还会再见的！”

与孙悟空告别后，大家继续走在想象街市上。

路过火车站入口时，他们看到进站的人很多，队伍已经排成了一条长龙。

“让我过去！”一名穿黄衣服的孩子推了推前面的人，向前挤去。他的身后紧跟着他的妈妈。

“没有看到大家都在排队吗？你为什么要插队呢？”一位波浪头阿姨皱紧了眉头。

“我们快来不及了！”穿黄衣服的孩子气呼呼地说。

“你赶时间大家都能理解，可是你要好好说啊！”波浪头阿姨摇了摇头。

他们正说着话，突然，进站的门关闭了。

负责检票的胖阿姨疑惑地看了看手表，说道：“时间还没到，门怎么自动关闭了？”她取出钥匙去开门，可是门打不开。

“这是怎么回事？”胖阿姨问另一位负责检票的瘦叔叔。

瘦叔叔摇摇头，他也从没遇到过这样的事。瘦叔叔取出自己的钥匙去开门，也打不开。他的钥匙在锁孔里转啊转啊，突然“啪”的一声，钥匙断在锁孔里了。

排队的人们这下都急了。

“我们是不是赶不上火车了？”穿黄衣服的孩子问妈妈。

他妈妈皱紧眉头说道：“是啊！”

黄衣孩子“哇”的一声哭了起来。

看到这样一幕，杜小默和几个伙伴你看我，我看你。杜小默知道考验他们的时刻到了。

铅笔小超人走上前，对黄衣孩子说道：“这是有人做了手脚，设下一道关。如果你不能学会商量，就没办法闯过这关，你们也没办法进站上车。”

“不行，我要上车，我要去看外公外婆！”黄衣孩子拉着妈妈的衣角，大声嚷道。

“怎样才能学会商量呢？”杜小默问铅笔小超人。

铅笔小超人眨了眨眼睛，轻声说道：“在生活中，我们有时需要跟别人商量事情，比如你想和同桌调换一下值日时间；比如你向朋友借的书没有看完，想再多借几天；比如你最爱看的电视节目就要开始了，但爸爸正在电视机前看足球比赛……”

石大虎说道：“我想和同桌调换一下值日时间，我会对同桌说：‘喂，我们换一下吧！’”

“换一下什么？铅笔还是橡皮？你有没有把自己的意思说清楚呢？”铅笔小超人问石大虎。

“喂，我们把值日时间换一下吧！今天你帮我值日，下周我如果有时间，就帮你值日。”

“你猜，你这样说，同桌会答应和你调换时间吗？”铅笔小超人问道。

“应该会吧！你说呢，杜小默？”石大虎把头转向杜小默。

“我想你的同桌应该不会答应。一是因为你没有用商量的语气，你说话太不客气了；二是交换应该是平等的，今天她帮你值日，改天你就应该帮她值日，而不是‘下周我如果有时间，就帮你值日’。难道下周没时间，你就不帮她值日了？”杜小默说道。

铅笔小超人点了点头，说道：“杜小默说得对。与人商量事情，一是态度要友好，二是要把自己的想法说清楚，三是商量的事情不能强人所难。”

“哦，那我明白了。”石大虎接着说出了自己的新想法。

“你好，同桌。我想和你商量一件事。我今天放学有事，要去奶奶家。咱俩把值日时间换一下，今天你帮我值日，下周一我帮你值日，你看好不好？”

“这样说可真好！”铅笔小超人朝石大虎竖起大拇指。

“对。你这样和同桌商

量，我想同桌一定会答应的。”杜小默拍起了手。

“如果你向同学借的书没有看完，你还想多借几天，你会怎样说？”铅笔小超人问杜小默。

“我会这样说……”杜小默说出了自己的想法。

“你好，石大虎。昨天向你借的《寻宝神话国》真是太好看了，我还没有读完，后天还给你，你看行吗？”

“你和我商量这件事，事情讲得很清楚，要求合理，语气也恰当，我答应你，你可以晚两天还。”石大虎笑着说。

铅笔小超人问道：“当你最爱看的电视节目就要开始了，而你爸爸正在电视机前看足球比赛，你会怎么办？”

“我会客气地请爸爸把电视让给我。”石大虎说。

“我喜欢看动画片，爸爸喜欢看足球比赛。我们是平等的，为什么爸爸一定要让我呢？我有一个更好的办法！”杜小默接着说出自己的想法。

“爸爸，我喜欢的动画片就要开始了，可您也要看球赛。妈妈又不让我用手机看动画片。我有一个想法，希望您用手机看球赛，我用电视看动画片，您看这样可以吗？”

“这真是个两全其美的好办法！”铅笔小超人称赞道。

这时，火车进站的门开了。

排在门外的旅客们都欢呼起来。

躲在暗处的厌文小魔王见到这一幕，跺着脚，气急败坏地说："真气人，又失败了！"

"现在进去还来得及！"黄衣孩子的妈妈看了看表，大声说道。

黄衣孩子好像明白了什么，他急忙对前面的大人们说道："叔叔阿姨，你们好！我和妈妈乘坐的火车就要开了，能让我们先进去吗？"

大家都点了点头。

"快谢谢大家！"孩子妈妈对黄衣孩子说道。

"谢谢大家！"黄衣孩子红着脸说。

"没关系，快进去吧！"波浪头阿姨笑了。

黄衣孩子和妈妈来到了队伍前面，检了票，顺利进了站。

"太棒了！就要见到外公外婆了，见到他们，我会把今天的奇遇讲给他们听。"黄衣孩子蹦跳着，向远处的杜小默他们挥了挥手。

# 写作小锦囊

和别人商量事情，比如说你想和同学调换一下值日时间，同学拒绝了，你会怎么做？

我会揍他一顿。嘻嘻，开玩笑的，我怎么会这样暴力呢？我会耐心地和他讲道理，直到他最后答应我。

可是，也许那天他确实也有事情，没法和你换。

如果这位同学没时间，那我可以找另一位同学去商量。

对，我们在与别人商量事情时，也要站在对方的角度去考虑事情。另外，最好用上“好吗”“行吗”“可以吗”等表示商量语气的词语，会让人感受到你对对方的尊重。

小朋友，遇到这样的情况，你会怎么说呢？

# 和杜小默一起闯关

厌文小魔王抛下一个造句陷阱令所有人寸步难行。请你照样子将“把书借我”这句话改一改，使它听起来更委婉，更礼貌。

**示例**

原：把门关上。

改：把门关一下好吗？

晚上，杜小默写下她与兰兰在课间时的一段对话。准备给铅笔小超人批改。

商 量

我：兰兰，我想和你商量一件事。今天放学，妈妈要带我去看牙医，约好了时间，所以我今天不能值日了。我们换一下值日时间，今天你帮我值，下周一我帮你值，你看行吗？

兰兰：呀！杜小默，我非常想帮你，可是真不巧，今天放学后我有钢琴课，也赶时间，不能值日。真对不起！

我：没关系，兰兰。我再去问问其他同学。谢谢你！

## 铅笔小超人的点评时间

杜小默在与兰兰商量事情时，事情说得很清楚，说话语气也得体。当兰兰说明自己帮不到杜小默时，杜小默并没有生气，而是仍然表现得很有礼貌，值得肯定。

如果你向同学借的书没有看完，想再多借几天，请你说说你与同学会怎样商量。

## 铅笔小超人的写作魔法

- 要把自己的想法说清楚。
- 态度要友好，最好用上“好吗”“行吗”“可以吗”等表示商量语气的词语。
- 商量的事情不能强人所难。即使对方没有答应，也应保持礼貌。

# 6 大堵塞的火车站

第六单元习作

怎样看图讲故事

杜小默和伙伴们来到图书馆，这里的书可真多！一排排、一列列的书架，就像一个个久别重逢的好朋友，张开臂膀，在欢迎他们的到来。

图书管理员是一位鸭子小姐，她从书架中抽出一本书，递给杜小默，嘎嘎叫着说道："读读这本书吧！"

杜小默发现这是一本《父与子》漫画书，便津津有味地读了起来。

石大虎读的是《探秘奇书山》，铅笔小超人读的是《寻宝神话国》。杜小默读着读着，发现其中有一页被扯掉了一个角，刚好缺了一幅图。

"是谁扯坏了书？真不文明！"杜小默自言自语地说。

话音刚落，一道蓝光闪过，杜小默发现，这本书里其他的书页都变成了空白，只剩下这页残留的五幅图。

“快来，出了怪事！”

石大虎和铅笔小超人的书上也都没了文字，这肯定又是厌文小魔王干的好事。他们来到杜小默身边，看着书上残留的那五幅图。

铅笔小超人说道：“如果我们能根据这些图构思出一个完整的故事，估计就能破解厌文小魔王的魔法。”

“可是这里缺的一幅图会是什么呢？”石大虎摆弄着新买的鸡腿玩具，思考着。

“我教你们一个‘看图作文四步法’，记住下面这个口诀。”铅笔小超人说着，一挥手，在他面前就出现了十二个字：

找到“六员小将”，大胆合理想象。

“这是什么意思呢？”杜小默好奇地瞪大了眼睛。

“第一步，找到‘六员小将’。‘六员小将’就是记事作文的六个要素，也就是时间、地点、人物，事情的起因、经过和结果。你们可以仔细观察图画，看清图画的内容，把这‘六员小将’找出来。”

“事情发生在什么时间？”杜小默沉思着说，“桌子上摆着饭菜，我想这是在吃饭前。”

石大虎接着说道：“从图画中的饭菜和人物我能分析出，地点是在家里的餐厅。”

铅笔小超人问道：“图画中画的什么人？他们之间有什么关系呢？”

“图画中共有三个人出现，我想他们分别是爸爸、妈妈和孩子。”杜小默答道。

铅笔小超人又问：“三个人物之间发生了什么事呢？目前只有五幅图，缺了最后一幅，你们能不能接着想想，最后一幅图中发生了什么事？”

杜小默像位大侦探一样，踱来踱去，思考起来。

“别费脑筋啦！玩这个吧！”图书管理员鸭子小姐把一个手机递给杜小默，“这里有很好玩的游戏。”

“不！”杜小默挥了挥手说，“第一幅图中，孩子的凳子是空的，上面还画着一个问号。妈妈对爸爸说了什么？”

石大虎接着分析道：“第二幅图中，爸爸走进另一间屋子，孩子正趴在地上看书。那么这时爸爸会对孩子说什么呢？对了，第一幅图中，饭菜已经摆上了桌，爸爸和妈妈也坐到了桌前准备吃饭，只差孩子还没过来。我想，我已经猜到了。第一幅图中，妈妈可能对爸爸说：‘饭好了，快让宝贝儿子来吃饭吧！’或者说：‘我家的小书虫又迷上新买的《书虫的城市》，快去把他叫来吧，不然饭菜就凉了。’”

“说得很好！”铅笔小超人点点头，“既然你们已经猜出了第一幅图中妈妈说了什么，第二幅图中爸爸对孩子说了什么，应该也很容易就可以猜出来了。”

“我想出来了！”杜小默兴奋地说，“爸爸可能说：‘小强，饭好了，去吃饭吧。’也可能说：‘宝贝儿子，菜快凉了，快去吃饭吧，吃完饭再回来看。’”

“哈哈，你还给孩子起了个名字，不过‘小强’这个名字容易引起误会，会让人以为是蟑螂！”石大虎笑着说，“从第三幅图中可以看出，孩子很听话，放下书，向餐厅走去。爸爸呢，却好奇地看了一眼儿子放在地上的那本书。”

杜小默接着说道：“第四幅图很有意思，妈妈和儿子坐在餐桌前，爸爸的座位却是空的，上面打了个问号。这让我们想起了第一幅图的画面。”

“第五幅图中妈妈对儿子说了什么呢？我猜也许和第一幅图里妈妈对爸爸说的话一样：‘去叫爸爸来吃饭，菜都要凉了！’”

铅笔小超人抖了抖手中的铅笔，说道：“你们分析得都非常好，现在来到最关键的一步了，第六幅图是空的，它会是怎样一幅图呢？”

杜小默说道：“在我的想象中，小强来到屋子里一看，爸爸也津津有味地读起书来了。爸爸一边看，还一边嘿嘿地笑，他已经看得入迷了。”

“太棒了，你们已经把这几幅图看懂了！”铅笔小超人说道，“你们刚才已经找到了时间、地点、人物这‘三员小将’，现在再找找事情的起因这员‘小将’吧！”

杜小默说道：“起因是到了吃饭的时间，孩子却在看书。”

“事情的经过呢？”

石大虎说道：“事情的经过是，妈妈让爸爸去喊孩子，爸爸喊回了孩子，自己却没回来。”

“事情的结果呢？”

“结果是，孩子发现，爸爸也像自己一样，迷上了那本书。”杜小默笑着说，“感觉这位爸爸好像我的爸爸。”

“口诀的第二句是‘大胆合理想象’，这是什么意思？”石大虎问道。

“我们观察画面后，还要展开大胆合理的联想和想象。一是认真思考，寻找画面反映的中心思想。可以从图画的标题去寻找，有的标题就是图画的主题；可以从图画的文字说明去寻找；也可以从画面所描述的人和事及其关系中去寻找。只有找到了中心，抓住中心，写出的文章才能符合看图作文的要求。通过我们的寻找、观察和分析，我们知道，这个故事中的父与子，因为热爱阅读，显得是那样可爱。”

“我还给故事中的孩子起了个名字。”杜小默说道。

“对，这正是我想说的关于想象的第二点。我们在想象时，可以给图画中的主角起个恰当的名字，这样不但叙述起来更清楚，还可以让文章更生动。”

石大虎说：“我以后也会给故事中的主角起个名字。”

“在想象过程中，你们还可以把图画变成电影，让那些静止的人物动起来，‘活’起来。你可以根据现实生活中可能的样子，让画面上的人物去说话，去做事，去看，去听，去闻，去吃，去触碰，去思考……”铅笔小超人微笑着继续说，“你们也可以根据主题需要，想象画面以外的情节，让故事更生动、更形象、更具体。比如，如果最后一幅图是孩子看到爸爸也在看书，我们可以联想，他们接下来怎样了？”

杜小默说：“可能是他们一起回到餐桌前，一起吃饭。”

石大虎说：“可能是爸爸回去吃饭了，儿子又留了下来读书……”

杜小默笑了，想了想，接着说道：“可能是父子俩一起读起书来。妈妈没办法，亲自过来叫父子俩，把他们拉到餐桌边。”

“还有一种可能，父子俩一起读起书来。妈妈没办法，亲自过来叫父子俩，结果也被书吸引住了，和父子俩一起读了起来。”石大虎得意地挥了挥手。

“哈哈！你们经过大胆而合理地想象，想出这么多的

可能。”铅笔小超人提醒道，“在想象时，还要注意关于人物的五种细节描写，也就是指关于人物的语言、动作、神态、心理、外貌等细节描写。有了它们，才能把事情写得更清楚、更具体、更生动。”

“不管什么事都要详写吗？”杜小默问道。

“不！哪里该详写，哪里该略写呢？判断标准就是这篇文章的主题，也就是文章的中心是什么。与主题密切相关的部分可详写；与主题关系不大的部分可略写；与主题无关的部分不写。”铅笔小超人举例道，“像第一幅图，写细节的话，是不是可以这样写？”

接着铅笔小超人在空中写下一段话：晚上，妈妈做了好吃的红烧肉。爸爸早早就坐到餐桌前，他抽动着鼻子，闻到红烧肉散发出的香气，口水都要流出来了。爸爸正要吃，妈妈急忙拦住了他，说道：“你的宝贝儿子还没来呢，快去叫他来吃饭吧！”

“你这段交代了时间是晚上。”杜小默说。

“还交代了地点是餐桌前。”

“也交代了人物是爸爸、妈妈和儿子。”

“还交代了事情的起因是妈妈做好了饭，儿子没来吃。”

杜小默补充说：“这里还写了细节，包括爸爸的动作描写，写了他抽动鼻子闻的动作，接着写了妈妈‘拦’和‘说’的动作。”

“这里还有妈妈的语言描写，我觉得也可以加上爸爸的语言描写。”石大虎说道。

“还可以加上神态描写，也就是爸爸和妈妈的面部表情。”杜小默说着，写下一句话：爸爸笑着说：“你说得对呀！我怎么一看到红烧肉，就把宝贝儿子给忘了？”

铅笔小超人说道：“你们说得很好！这样写，故事就更生动、更具体、更有趣了！”

这时，一道蓝光闪过，杜小默发现，她手中的书恢复了原样。

石大虎和铅笔小超人的书上，文字也回来了。

鸭子小姐突然身子抖了抖，下了一个蛋。

那个蛋滚出门去，滚出很远很远。

“再见，厌文小魔王！”杜小默向着那个蛋喊道。

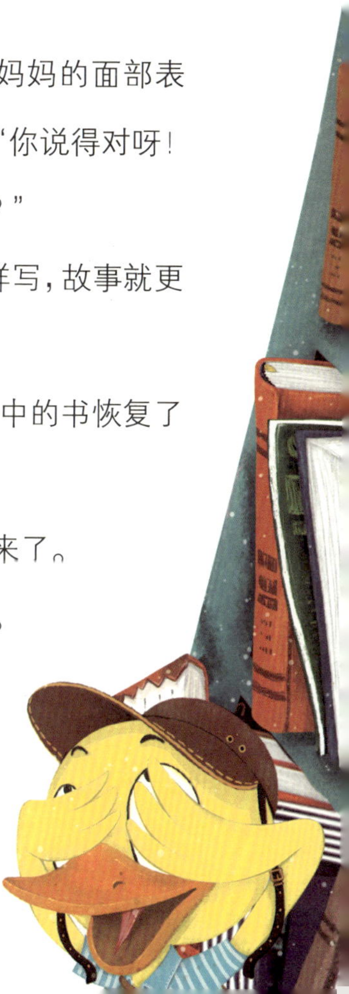

# 写作小锦囊

我们平时该怎样练习看图写故事呢？

可以请爸爸妈妈在网上找一些图，然后我们根据这些图去想象，去练习。

是不是还可以自己画一幅图，然后根据这幅图来编故事呢？

对呀！这个办法更棒！

我喜欢画画，我要画一些有趣的图，然后编出有趣的故事。

小朋友，如果请你为一个故事画一幅图，你会画出怎样一幅图呢？

# 和杜小默一起闯关

铅笔小超人被施了魔法变成了一只鸭子，只有写出一句话才能将它变回原样。你能照样子写一句带有人物语言描写和动作描写的话吗？

**示例** “图书管理员是一只鸭子，他一边从书架中抽出一本书递给杜小默，一边嘎嘎叫着说道：‘读读这本书吧！’”

杜小默一行人来到了鸭子小姐的图书馆，分享起自己曾经读过的书。

## 好看的书

晚上，妈妈做了好吃的红烧肉。爸爸早早就坐到餐桌前，他抽动着鼻子，闻到红烧肉散发出的香气，口水都要流出来了。爸爸正要吃，妈妈急忙拦住了他，说道：“儿子还没来呢，快去叫他来吃饭吧！”

“我马上去！”爸爸站起身，一边大步向儿子的房间走去，一边喊着，“小强，吃饭了，有好吃的红烧肉！”奇怪的是，儿子的房间里没有一丝声音。他走进屋一看，不禁抿嘴一笑。原来小强趴在地板上，正津津有味地读着一本书。

在爸爸的催促下，小强不情不愿地站起来，向餐厅走去，而爸爸好奇地瞧了瞧儿子刚刚在读的那本书。

这时，妈妈和儿子坐到餐桌前，爸爸却一直没有回来。又是怎么回事呢？

“儿子，你去看爸爸在干什么。”妈妈皱着眉头对小强说。

小强来到自己的房间一看，爸爸也像刚才的自己一样，趴在地板上，认真地读着那本有趣的书——双腿还不自觉地在身后翘起，像一个贪玩的孩子。

## 铅笔小超人的点评时间

小作者想象的故事，符合图画的内容，而且增加了语言、动作、心理、神态等细节描写，让我们读起来身临其境。

在这篇故事中，我学到的好词有：

在这篇故事中，我学到的好句有：

请你从《父与子》这本书中另选一个故事，参照图画写一写。

## 铅笔小超人的写作魔法

- 弄清楚故事的时间、地点、人物，事情的起因、经过和结果。
- 要大胆而合理地想象。
- 写好语言、动作、心理、神态、外貌等细节。
- 如果主题需要，可以想象图画中没有表现出的内容。

7

# 惊恐的灰老鼠

**第七单元习作**

**展开大胆而合理的想象**

杜小默他们走进一座公园，公园里开着各种各样的菊花，有红色的，有黄色的，有白色的……

咦？有一朵黄色的菊花怎么跑动起来了，还发出“呼哧呼哧”的声音？

杜小默一看，不禁笑出了声，原来是一只灰老鼠头上顶着一朵黄菊花，正气喘吁吁地跑着。

“你干吗跑得这么急？”石大虎问那只灰老鼠。

灰老鼠一边尖叫着一边回头望，脚步踉踉跄跄。

接着灰老鼠“扑通”一声摔倒在地上，晕了过去。

“醒一醒，醒一醒！”杜小默大声对着灰老鼠喊道。

石大虎拾起一根小棍儿，轻轻碰了灰老鼠几下，灰老鼠一点反应也没有。

“让我来看看是怎么回事！”铅笔小超人说着，晃动铅笔，公园的草坪上便出现一块屏幕，上面出现一幅画面。

画面中，灰老鼠坐在一台笔记本电脑前，看着电脑屏幕上的猫，吓得眼泪都流出来了。

“看来这就是灰老鼠逃跑的原因。”石大虎说道，“电脑里的猫又不会真吃了他，他怕什么呢？”

“我想，灰老鼠并不懂得这一点。”杜小默说道。

“怎样才能叫醒他呢？”石大虎挠了挠头。

这时，厌文小魔王出现了，他大声笑着说道：“是你们谋杀了灰老鼠！”

“看来，这又是厌文小魔王设下的一关。”杜小默恍然大悟。

铅笔小超人转过头，指着屏幕上的画面，对杜小默和石大虎说道：“如果你们根据这个画面，写出一个故事，就能破解厌文小魔王的阴谋。”

“上次我们看到的《父与子》有五幅图，今天只有一幅图？”石大虎感觉有些难。

铅笔小超人点了点头：“一幅图同样可以编故事。”

“我记得你说过，看图作文要搞清楚故事的时间、地点、人物，事情的起因、经过和结果；要大胆而合理地想象；要写好语言、动作、心理、神态、外貌等细节；如果主题需要，还可以想象图画中没有表现出的内容。今天我们编这个故事，也要这样做吗？”杜小默问道。

“对！”铅笔小超人说，“你们要试着大胆又合理地想象。”

“我可以给故事中的灰老鼠取一个名字。”杜小默说。

“我可以想象时间大概在某天中午，地点是杜小默家的桌子上……”石大虎说道。

“你把地点放在了我家！好吧！”杜小默无奈地说，“故事的起因是小老鼠布丁想偷奶酪吃，于是他悄悄爬到了我家的桌子上。”

铅笔小超人拍着手说：“你们说得非常棒！”

“什么非常棒啊，真是讨厌！”厌文小魔王轻轻挥一挥手，两名小妖怪便悄悄来到杜小默和石大虎身边，在他们身上撒了一些奇怪的粉末。

石大虎拍了拍头，说道：“小老鼠布丁看到一头大象，便把大象举了起来。”

杜小默跺了跺脚，说道：“小老鼠布丁把大象放进了上衣口袋里，准备把他当成玩具。”

“老鼠比大象小很多，他怎么能把大象举起来？”铅笔小超人问道，“同样，大象也不能被老鼠装进口袋里。虽然你们的想象够大胆，但是不符合常理。除非你有特别的交代，比如告诉我们大象喝了变小药水，或老鼠吃了变大药丸。再有，你们说的内容与这幅图有关系吗？”

“你说得对呀！我们刚才是怎么回事？”杜小默笑了起来。

“肯定是厌文小魔王捣的鬼！”铅笔小超人说着挥动铅笔，派出两员小将，一名身上写有“符合主题需要”六个

字，一名身上写有“大胆合理想象”六个字。他们左瞧瞧，右听听，突然冲到杜小默和石大虎身边，揪出了两个小妖怪。

杜小默发现，两个小妖怪的身上，一个写着“不符合主题需要”，一个写着“想象不合理”。

见诡计失败，厌文小魔王派出更多小妖怪，可铅笔小超人派出的两员小将毫不畏惧，在敌阵中越战越勇。

“我想，在写故事经过时，还可以增加一些细节描写，比如心理描写。”石大虎说道，“布丁走在桌子上，回忆起今天看到杜小默在吃原味奶酪，那么香，一定非常好吃！”

“还可以加点神态和动作描写。”杜小默说，“想到这，布丁兴奋得跳了好几下，像在桌面上表演了一段踢踏舞！”

“故事接下来会怎样呢？”铅笔小超人问道。

石大虎接着说：“他低着头，找啊找啊，奶酪在哪呢？

他来到一台笔记本电脑前。”

“他猛地抬头，看到了电脑屏幕上有一只猫，被吓得‘扑通’一声坐在桌子上。”杜小默说道。

“你的动作描写很好，我来接着说。”石大虎做出很紧张的样子，“他的上下两排牙齿直打架，腿不停地哆嗦着，眼泪都流了出来。嘴里‘吱吱吱’地叫着，像在说：‘我——我再也不敢偷东西了，我投——投降，’接着，他哆哆嗦嗦地跳下了桌子。”

“真生动！真形象！”铅笔小超人说道，“关于灰老鼠紧张的动作描写和语言描写非常好！”

这时，灰老鼠醒了过来，厌文小魔王手下的小妖怪也消失了。

厌文小魔王变小了，他哆嗦着，一边唠叨着不满的话，一边连滚带爬地逃走了。

杜小默对灰老鼠讲了刚才发生的一切，灰老鼠不好意思地溜走了。

# 写作小锦囊

围绕这幅图进行想象，还能有其他的想法吗？

事情发生的时间可以不同，可以是早晨，也可以是晚上。

事情发生的地点可以不同，可以是餐厅里，还可以是草坪上……

人物也可以不同，故事中可以没有我们自己，而是其他的人或动物。

事情的起因也可以不同。可能是老鼠见人玩电脑那么着迷，很好奇，想玩玩电脑，结果一点开就出现了猫的图片。

事情的经过和结果也可以不同，像是老鼠后来发现电脑中的猫并不可怕，战胜了自己的恐惧。

你们说得都非常棒！小朋友，你是怎样想的呢？

# 和杜小默一起闯关

紧张的灰老鼠被厌文小魔王石化，只有描述出灰老鼠的样子才能破解魔咒。你能试着用生动的神态描写和语言描写写出他的紧张状态吗？

示例 “他的上下两排牙齿直打架，腿不停地哆嗦着，眼泪都流了出来，嘴里结结巴巴地说着：‘我——我再也不敢偷东西了，我投——投降。’接着，他哆哆嗦嗦地跳下了桌子。”

为了纪念遇到这么可爱又有趣的灰老鼠，杜小默写下了一篇作文。

## 电脑里的猫

一天中午，小老鼠布丁从老鼠洞里钻了出来，他有一个非常美妙的想法。今天是他的生日，他打算吃上一块美味的奶酪，作为送给自己的生日礼物。

布丁住在一位名叫杜小默的女孩家里。早晨，他看见杜小默爸爸送给杜小默一袋奶酪。远远地，他就闻到了奶酪那诱人的香气，口水都流出来了。于是，他趁着家里没人的时候，顺着桌子腿悄悄地爬到了桌子上。他知道，他心心念念的奶酪就在那上面。马上就要吃到美味的奶酪了，想到这，布丁得意地跳了一小段新学的踢踏舞。可是，他低着头，找啊找啊，奶酪在哪呢？不知不觉，他来到一台笔记本电脑前，猛地一抬头，看到了电脑屏幕上闪出了一个猫的头，他被吓得“扑通”一声坐在桌子上。他的上下两排牙齿直打架，腿不停地哆嗦着，眼泪都流了出来。他结结巴巴地说：“猫——好可怕的猫！”

布丁再也没心情找奶酪了，他失魂落魄地跳下桌子，逃回了洞里。

### 铅笔小超人的点评时间

有知识多么重要！老鼠布丁因为不了解电脑，闹了笑话，也没吃到想要的奶酪。杜小默的这篇故事，围绕图画，进行了大胆而合理的想象，文中用到的语言、动作、神态、心理等描写非常准确，非常生动。

在这篇故事中，我学到的好词有：

在这篇故事中，我学到的好句有：

请你根据这幅图想象出一个故事。能不能与杜小默的故事不同呢？

## 铅笔小超人的写作魔法

- 想象故事发生在什么时间、什么地点、故事里都有谁。
- 想象故事的起因、经过和结果。
- 特别注意想象老鼠这时看到了什么、心里是怎样想的、有怎样的表情、有怎样的动作。
- 除此之外，还可以想象老鼠说了什么等图画中没有表现出的内容。

# 8

# 从天而降的雨娃娃

第八单元习作

**用好象声词**

杜小默和伙伴们走在想象街市上。

一块乌云飘了过来，就像一只怪兽，不停地变换着样子，一会儿张大了嘴巴，一会儿挥舞起手脚，一会儿甩起了尾巴……

“啪嗒”，一滴雨点掉到杜小默脸上。

“下雨了！”石大虎也被雨点打到了。

杜小默伸出手，一滴雨点落到她的手心，凉丝丝的。杜小默目不转睛地看着那滴雨。那滴雨渐渐变了，变成了一个小娃娃。

“这是什么呀？”杜小默问。

“我是雨娃娃。”雨娃娃眨着眼睛看着杜小默，“听说你们的到来会给想象街市带来灾祸，是吗？”

“你听谁说的？”

“厌文小魔王。”雨娃娃小心地说。

杜小默笑了，向雨娃娃讲了他们的来历和厌文小魔王做过的坏事。

“难道是我被他骗了？”雨娃娃说道，“这样吧！既然你们说喜欢写作文，那你们一定能描绘出我们身边的声音，请你们说一说吧！”

“描绘出我们身边的声音？”石大虎好奇地凑了过来，看着雨娃娃，差点把鼻子贴到雨娃娃身上。

铅笔小超人解释说：“我们身边有很多声音，也有很多描写声音的词，像小猫‘喵喵’、小鸡‘叽

叽’、汽车‘嘀嘀’、走路‘嗒嗒’、雷声‘隆隆’……它们都是象声词，也叫拟声词。”

“这个简单。”石大虎说道，“雨娃娃‘啪嗒啪嗒’跳下来了，它们就像一个个小伞兵，执行着不同的任务，有的落到树上，有的落到屋顶上，有的落到阳台上，有的落到小朋友的手心里。”

“‘啪嗒啪嗒’，真不错！”雨娃娃点了点头。

杜小默接着说道：“轰隆隆！雷公公来了，他那大嗓门，就好像在说：‘我来了，看我有多么了不起！’”

石大虎接着说出自己听到过的声音：“小鸡们‘叽叽’叫着，就像一个个黄色的小绒球。它们滚到妈妈的翅膀下，好像在说：‘我怕，我怕！’鸡妈妈‘咕咕’叫着，好像在说：‘不怕，不怕！’”

杜小默接着想象："孩子们可不怕雷声，他们坐在屋子里，玩起了小汽车。'呜呜——我要去北京——'一个孩子让小汽车跑了起来。孩子们说着，笑着，他们欢笑的声音飘得好远好远……"

石大虎接着说道："妈妈在厨房里做着菜。乒乒乒乒——嗞啦——哗——啊——"

"这个'啊'是什么发出的声音？"杜小默好奇地问。

"是我发出的声音。"石大虎说道，"我偷偷从锅里抓出一块肉，被烫得叫出声来了。"

大家都笑了起来。

雨娃娃拍着手说道：“你们说得可真好，说出了这么多描写声音的词！你们过关啦！”

这时，厌文小魔王跳了出来，气哼哼地说：“讨厌！又被他们打败了！”

雨娃娃从口袋里取出两颗晶莹的雨滴送给杜小默和石大虎：“这是声音种子——金雨滴。以后，每当你们看到它们，就会想起写作文时，可以恰当使用象声词，这样一来，作文会更生动、更形象！”

杜小默和石大虎兴奋地接过金雨滴，他们的脸上都笑开了花。

# 写作小锦囊

我们写景物，不仅可以写用耳朵听到的，还可以写用眼睛看到的、用鼻子闻到的、用手摸到的……

还可以用上比喻和拟人的修辞方法。比如：“小鸡们‘叽叽’叫着，就像一个个黄色的小绒球。它们滚到妈妈的翅膀下，好像在说：‘我怕，我怕！’”

还可以动静结合，重点写动态的景物，比如风、雨、虫、鸟、车、人……

小朋友们，你们觉得写景时还可以如何让描写更生动？

# 和杜小默一起闯关

杜小默一行人误入了吵闹的声音谷，耳朵要被各种各样的声音吵炸了，只有描述出这些声音才能找到“安静之门”，逃出生天。厌文小魔王摆下声音阵，请你根据场景，写出合适的象声词。

锅铲在锅里翻动的声音

自行车铃声

婴儿哭声

青蛙跳水的声音

## 作文加油站

美丽的大自然令杜小默流连忘返，她提笔写下了一篇作文，记录这趟美好的旅程。

### 寻找大自然的声音

今天，我和伙伴们走出家门，去寻找大自然的声音。

我们找啊，找啊。突然，森林中传来了布谷鸟“布谷、布谷”的叫声。

“找到了！”我们激动地跑进森林。在那里，风吹着树叶，发出“沙沙”的声响。布谷鸟的叫声和风的“沙沙”声混在一起，真是优美的合奏！森林中突然传来各种鸟的叫声，“喳喳”“啾啾”，好像鸟儿们在开一场演唱会，又好像鸟儿们在讨论什么开心的事。

我们来到小溪边，溪水缓缓地流动，发出“哗哗”的声响，那么清脆。“扑通”，一条白亮的鱼跳出水面，把晶莹的水珠溅到我们的脸上，引得我们哈哈大笑。

我们找到了大自然的声音，那些声音可真是太美了。

## 铅笔小超人的点评时间

小作者紧紧围绕“大自然的声音”这一主题去写，写出了鸟儿们不同的声音，写出了风、水和鱼儿跳水的声音，很生动，很形象，画面感很强，让人读了有种身临其境之感。

在这篇故事中，我学到的好词有：

在这篇故事中，我学到的好句有：

为了帮助杜小默破解厌文小魔王的声音阵，请你以《______的声音》为题，写一篇作文。

## 铅笔小超人的写作魔法

- 围绕主题写，写出不同声音的特点，用上象声词。
- 多感官观察，在脑海中形成立体的、动态的画面，让作文更鲜活。
- 有条理地写，每段写什么，可以列出提纲。
- 用比喻、拟人和排比的修辞方法，让作文更优美，更活泼。

**图书在版编目（C I P）数据**

想象街市探秘 / 葛欣著 . -- 杭州 : 浙江教育出版社 , 2022.9
（杜小默玩作文）
ISBN 978-7-5722-3643-3

Ⅰ . ①想… Ⅱ . ①葛… Ⅲ . ①作文课－小学－教学参考资料 Ⅳ . ① G624.243

中国版本图书馆 CIP 数据核字 (2022) 第 088371 号

**责任编辑** 鲁　庚
**美术编辑** 曾国兴
**插　　画** 烧　麦　一碗面
**项目统筹** 邵　年
**责任校对** 陈德元
**责任印务** 曹雨辰
**特约策划** 做书文化
**装帧设计** 乐读文化

杜小默玩作文
**想象街市探秘**
XIANGXIANG JIESHI TANMI
葛　欣　著

**出版发行** 浙江教育出版社
（杭州市天目山路 40 号　电话：0571-85170300-80928）
**激光照排** 杭州乐读文化创意有限公司
**印　　刷** 浙江新华印刷技术有限公司
**开　　本** 890mm × 1240mm　1/32
**印　　张** 3.75
**字　　数** 75000
**版　　次** 2022 年 9 月第 1 版
**印　　次** 2022 年 9 月第 1 次印刷
**标准书号** ISBN 978-7-5722-3643-3
**定　　价** 28.00 元
**网　　址** www.zjeph.com